AF261981

DES

Influences désastreuses

DE

L'ADMINISTRATION

SUR LES DESTINÉES DU PAYS,

DÉVOILÉES PAR UNE PARTIE DE SES ACTES,

DE 1814 A 1830.

DES

Influences désastreuses

DE

L'ADMINISTRATION

SUR LES DESTINÉES DU PAYS,

DÉVOILÉES PAR UNE PARTIE DE SES ACTES,

DE 1814 A 1830.

PAR LE Cte DE CLONARD,

officier d'infanterie légère, *ex-armée du roi.*

J'appelle un chat un chat, et Rollet un fripon
Sicut vidi, sicut dixi.

PARIS.

IMPRIMERIE-LIBRAIRIE DE G.-A. DENTU,

rue d'Erfurth, 1 *bis.*

1835.

En entreprenant cette tâche, le lecteur aura plus d'une fois l'occasion de remarquer que l'auteur n'est et ne peut être qu'un soldat : plus d'un le blâmeront des vérités dures, des vérités historiques qui ressortiront de cet écrit, parce que groupées en présence d'évènemens qui au-dedans comme au-dehors contribuent à l'abaissement de mon pays, j'aurai stigmatisé ces hommes de toutes les causes et de tous les régimes, dont l'élastique conscience ne fut qu'un tarif.

C'est donc comme soldat de la légitimité, moi qui ai servi l'empire! que fort de mes principes comme de mes convictions, comme témoin et acteur dans ces conjonctures difficiles, comme soldat enfin de la restauration, qui fit tant d'ingrats, là où elle ne produisit pas des traîtres, que sortant de mon obscurité, je viens pour ma faible part aider à relever des décombres de la monarchie, un étendard qui, s'il eût été possible de le flétrir, ne l'aurait été que par une portion de ceux-là même à la garde desquels il fut solennellement confié.

Mettant donc de côté les faits aussi saillans que connus qui amenèrent la restauration, nous prendrons cette dernière pour unique point de départ; c'est ainsi qu'interrogeant et précisant avec impartialité les faits, en remontant sans cesse à leurs causes, il nous deviendra facile de statuer sur les résulats inévitables qui devaient traîner la France de catastrophes en catastrophes; mettant de côté aussi le langage acerbe qu'arrachent aux partis les commotions politiques, après avoir procédé méthodiquement dans l'ordre des faits, après avoir démontré les influences désastreuses ou conservatrices qui depuis vingt années ont réagi, tantôt de l'armée sur le peuple, tantôt du peuple sur l'armée; c'est alors qu'en terminant cet ouvrage, nous arriverons à conclure sur les moyens qui eussent pu et peut-être dû être employés pour sauver le pays à une époque où les esprits, dirigés vers une sorte de matérialisme politique, ne semblent reconnaître qu'un seul mobile, un seul véhicule, *l'argent!*

Procédons; nous sommes en 1814, les Bourbons ne sont pas encore à Paris.

Pour quiconque a des souvenirs, qu'était l'esprit de l'armée impériale relativement aux Bourbons, et qu'était l'esprit de cette même armée relativement à la France? Hâtons-nous de le dire, hostile à tous deux ; les causes, les voici : La France civile (1), * fatiguée de guerres glorieuses sans doute, mais dont le résultat définitif n'avait été que l'envahissement de son territoire, par une coalition de souverains qu'une communauté d'intérêts avait réunis contre elle, se trouva tout à coup comme pressée de sortir d'un impasse qui avait mis son avenir en péril. Ce qu'il est instant de remarquer, c'est qu'une portion des chefs de la France militaire, de ceux-là même que la guerre, jointe à la munificence du souverain d'alors, avaient enrichis, avisaient *in petto* au moyen de s'affranchir d'une tutelle qui était un obstacle à leur bonheur domestique ; la gloire leur était justement acquise, ils voulaient le repos. Qu'étaient, pour la plupart, ceux compris dans cette catégorie ? les plus influens, ceux qui dans l'armée jouissaient de toute sa confiance ; ces derniers accueillirent la restauration, sinon avec transport comme une par-

* Voir les notes à la fin.

tie notable de la France, du moins l'accep-
tèrent-ils comme un gage, comme une garantie de sécurité pour leur bonheur personnel; leurs grades, leurs honneurs et les ri-
chesses qu'ils avaient acquises, leur ayant été
solennellement maintenus (2).

C'est maintenant ici, 1814, qu'il importe
surtout de prouver qui, de la restauration ou
de l'armée, a manqué à ses engagemens envers le pays, et si nous arrivons à démontrer
qu'une partie de nos malheurs provient de
cette dernière, en raison des influences qu'y
exerça l'administration, il ne restera à la
France, à cette noble figure, qu'à se voiler
le visage et à gémir sur sa destinée!... Poursuivons le langage des faits, c'est la logique
la plus entêtée, celle qui n'admet aucun sub-
terfuge.

Les Bourbons, après l'acte précité, font
successivement, au bruit des acclamations
universelles, leur entrée dans la capitale; l'exil
ne leur a point créé d'armée, le peuple seul
les escorte; l'étranger, qui occupe avec les
siennes nos murs, semble même s'effacer

un moment; et que voyons-nous? Louis XVIII
faire son entrée accompagné d'une fille de
France, la plus illustre infortune des temps
modernes. Il est escorté de la garde impériale, au milieu d'une foule de gardes nationaux qui bordent la haie.

Pour vous tous qui avez vu et que n'en-
chaîne pas un intérêt égoïste, qui osera vous
dire que les acclamations qui à leur retour
saluèrent les descendans de Saint Louis, ne
furent pas sincères? Vous les avez recueillis,
ces transports d'allégresse qui semblaient
promettre à notre belle France des jours si
prospères! mais hélas! ces trop courts mo-
ments d'un transport si légitime, écoulés
tandis que le monarque, de concert avec les
souverains alliés, travaillait à assurer par des
traités le repos nécessaire à l'Europe, la
scène changea tout à coup. De sourdes rumeurs parties du seuil du palais des rois,
dont la garde, sous le titre de grenadiers
royaux, avait été confiée à l'ex-garde impériale, étaient répandues parmi le peuple. Là,
des ambitions déçues, des existences acqui-

ses, s'efforçaient, au moyen de la soldates-
que, malgré la solennité des promesses
royales, de ne plus avoir d'avenir ; à cet effet
les bruits les plus absurdes et les plus con-
tradictoires étaient semés ; la trahison, suivant
eux, avait livré la capitale à l'ennemi (3); le
peuple parisien était hautement traité de
lâche, il semblait à beaucoup de ces hommes qu'à la ville de Paris seule laissée sans
défense, commandée par des chefs qui avaient
donné l'exemple d'une honteuse fuite, était
réservé le droit comme la possibilité de faire
rebrousser la coalition au delà du Rhin (4).

Pendant les momens de repos que laissaient
au roi les affaires du pays, ce dernier accueil-
lait à sa cour toutes les illustrations, toutes les
gloires. Un prince chevaleresque avait dit avant
d'entrer dans Paris : « Ne voyez en moi qu'un
Français de plus. » Ce qui semblait exprimer
que ceux qui revenaient avec lui étaient aussi de
bons Français. Mais non, la malveillance faisait
sentinelle ! ces serviteurs d'une fidélité éprou-
vée, qu'une longue suite de malheurs plus encore que les années avait vieillis, se pres-

sant sous le portique, devinrent, par leur ac-
coutrement, d'abord le point de mire et le
but des sarcasme des fashionables militaires du temps. Là, commencèrent contre eux
ces déclamations perfides, ces écrits anony-
mes qui les accusant hautement de Français
transfuges, de Français ayant porté les armes contre leur patrie (5), ne visaient qu'à
les perdre au milieu d'une génération d'hommes à la majorité de laquelle ils étaient in-
connus. Qui donc répandait ces bruits? qui
donc avait intérêt à les accréditer parmi le
peuple? L'armée, oui l'armée, dont, à la sor-
tie subite d'un gouvernement militaire, l'influence était entière et toute puissante; ajoutons à cela, qu'elle était dirigée et soufflée
par une administration perfide, administration dont le personnel et l'organisation da-
tent de 93!

En effet, qu'étaient pour la plupart ces
hommes qui venaient de retrouver une patrie? des militaires, les uns nés pour ainsi
dire dans la carrière des armes; les autres
l'ayant embrassée, dans des temps diffici-

les, pour le maintien et la conservation du principe monarchique. L'armée, en voyant ces vieux débris, loin de se rallier aux vœux du monarque, qui avait proclamé l'*union* et l'*oubli*, desquels il donnait l'exemple, jalousa l'émigration, et, jetant parmi le peuple des doutes sur la conduite que le roi tiendrait ultérieurement à son égard, fit entrevoir son avenir menacé, cette dernière allant s'emparer de toutes les positions (6).

Une circonstance fortuite que nous allons raconter ici, circonstance qu'il n'était guère plus permis à la sagesse humaine de prévoir que de prévenir, vint, dès l'aurore de la restauration, comme en aide aux bruits dont on saturait la multitude. Voici le fait :

Ainsi que nous l'avons dit plus haut, les armées étrangères occupaient la capitale; et la garde impériale, sous le titre de *grenadiers royaux*, faisait le service spécial du palais des Tuileries. Certain jour il advint que la portion de ce corps que n'appelait pas le tour de service, quittant ses quartiers, se rendit aux barrières; là, se répandant dans divers cabarets, se trouva en présence des soldats étrangers qui s'y divertissaient. Une rixe sanglante dans laquelle survint le peuple, qui d'ordinaire fréquente ces endroits, se manifesta : le motif en fut aussi futile que les résultats en furent graves.

Quiconque a un peu vu sait que, parmi les peuples du Nord, il est une coutume traditionnelle, qui, du jour où une armée est mise sur le pied de guerre et entre en campagne, les soldats ornent leur coiffure d'un rameau de verdure; des militaires français, des soldats de la garde impériale surtout, qui les avaient vus si souvent et de si près, devaient, moins que d'autres, ignorer cet usage. Eh bien! ces rameaux devinrent le sujet d'une collision sanglante; et comme dans les circonstances le maintien de la tranquillité publique était impérieusement commandé, on fit acte de prudence en éloignant de quelques lieues la garde impériale (7).

Maintenant qu'après être remonté des effets aux causes, nous venons de signaler les influences funestes que, dès les premiers jours de la restauration, exerçait l'armée parmi les classes populaires (8), retournons vers le monarque; interrogeons l'usage qu'il fait de sa prérogative; voyons, en un mot, si ses actions sont en harmonie avec ses royales promesses.

L'armée française est mise sur le pied de paix; les officiers de toutes armes, de tous grades, non compris dans la nouvelle organisation, reçoivent une demi-solde (9); les officiers étrangers non naturalisés ont ordre de retourner dans leur patrie; des retraites sont accordées : à la restauration enfin était réservé ce bienfait, que désormais un vieux soldat pouvait espérer de mourir dans ses foyers. La paix avec le monde est assurée!...

Le monarque, fier du nom français, croit encore en rehausser l'éclat en fixant sur la poitrine d'une partie des chefs de l'armée la croix de Saint-Louis, qui, pour beaucoup d'entre eux, vient se confondre d'une manière pittoresque avec celle de la Légion-d'Honneur. Nous en appellerons ici à la loyauté du lecteur, et nous lui demanderons si, de la part d'un monarque français, il existait un moyen plus noble, plus digne et plus persuasif à la fois de proclamer l'*union* et l'*oubli*. Eh bien! cette marque distinctive de la munificence royale, qui oblige tout récipiendaire par un serment *imposant*, ne sera pour beaucoup qu'une chose dérisoire, un pis-aller, un hochet sans conséquence!... Trop heureux si par la suite quelques-uns d'entre eux, mettant de côté tout sentiment de pudeur, ne la foulent aux pieds!

Le roi forme sa maison militaire. Sur six compagnies de gardes-du-corps appelées à faire le service auprès de sa personne, deux reçoivent pour chefs deux maréchaux de France pris dans les rangs de l'armée; d'autres corps, sous la dénomination de *mousquetaires gris, mousquetaires noirs, chevaux-légers, gendarmes, gardes-de-la-porte, gardes-de-la-prévôté*, en font partie. Là, des illustrations militaires de toutes les époques se trouvent confondues; Sa Majesté semble éviter avec un soin scrupuleux de ne pas donner prise à la malveillance, et, comme pour ne pas mécontenter l'armée, offre pour asile son palais à ceux qui tout à l'heure étaient le jouet de la calomnie (10).

Le monarque, persévérant dans ses vues de concorde, à laquelle il invite, en prêchant d'exemple, tous les Français, est, hélas! déçu dans ses espérances; ses vues sont, pour la plupart, traitées d'absurdes, de gothiques, et mises au rang des ailes de pigeon à une époque où la moustache, la pipe et le sabre traînant sont de mode, et surtout de bonne mise. C'est ainsi qu'une scission profonde se fait remarquer et va toujours *crescendo*, en raison des évènemens qui s'apprêtent à fondre sur la patrie. La France et le monarque marchent dans un sens, tandis que l'armée et l'administration, que réunit un même esprit d'opposition, un même esprit d'hostilité, marchent dans un autre. Il n'est pas hors de propos de dire, en passant, deux mots sur cette dernière.

Les Bourbons ayant maintenu tous les droits, sauf les modifications qu'a dû néces-

sairement apporter l'état de paix, modifications qui pour la plupart ne sont tombées
que sur d'obscurs commis, l'administration
jouit de toute la plénitude des siens; elle a
conservé, au grand scandale des hommes
de prévision, le monopole de la centralisation, tel que le lui a légué l'empire, qui, à
son tour, le tenait de la république par l'or-
gane de la Convention.

C'est là, surtout pour l'observateur, qu'il
est bon de jeter les yeux, d'interroger le
personnel : là, ni le soleil brûlant de l'E-
gypte ni le climat glacé de la Russie ne sont
venus décimer les rangs; la génération a
marché d'un pas tranquille et cadencé; les
bataillons de la bureaucratie, cette plaie
qui depuis quarante années ronge les ressorts de l'Etat, sont intacts; ils ont vécu au
mieux avec et sous tous les régimes; dans
leurs rangs se trouve la vétérance réelle, la
seule possible alors en France. Et comment
pouvait-il en être autrement? L'administration s'est faite la propriétaire du pays,
qu'elle exploite à son profit. A ses yeux, les

gouvernans ne sont que de passagers loca-
taires; aussi, par elle, les Tuileries sont-
elles comme affermées; bien entendu que la
durée du bail est toujours subordonnée au
produit qu'elle en retirera; car, se dit-elle:
« Gouverne qui pourra, je ne bougerai ja-
« mais! J'ai en main tous les ressorts par
« lesquels peut se mouvoir la machine gou-
« vernementale; le gouvernant, quel qu'il
« puisse être, ne peut se passer de moi.
« Mes hautes capacités, ma rare aptitude
« des affaires me rendent indispensable. »
Aujourd'hui 1835, où je trace ces lignes, tel
est encore le langage administratif en France.
Pour tout dire, en un mot, l'administration
n'administre pas, elle exploite.

C'est pourtant avec de tels élémens qu'un
descendant de saint Louis, fort de sa loyauté
comme de ses intentions, persévère coura-
geusement dans la ligne de conduite qu'il
s'est tracée, la régénération, la restauration
de la France; et ce que la postérité aura
peine à croire, c'est qu'en un aussi court
espace de temps, en dépit des obstacles que

font naître les criailleries d'ambitions rivales qui bientôt vont en venir aux mains, le monarque se soit trouvé près d'atteindre le but qui depuis sa jeunesse a été l'objet de sa constante sollicitude, donner à la France un gouvernement *constitutionnel.*

En effet, la France civile a compris cette nouvelle forme de gouvernement. Les grands corps de l'Etat, la magistrature en tête, qui naguère ne remplissait qu'un rôle secondaire, se sont associés avec empressement aux vœux du monarque, en saluant ce dernier du titre de *Roi-Législateur...* Le triomphe des lois, tel est le vœu de la France entière. Désormais, l'empire de la force brutale a cessé; l'armée n'est plus, ne doit plus être que l'auxiliaire, le bras de la loi!...

Mais pense-t-on que la France militaire acceptera ce rôle? Non; elle le regarde comme une déchéance, une atteinte à ses prérogatives; elle croirait descendre dans sa propre opinion. L'armée n'a pas compris le gouvernement constitutionnel. Non seulement elle ne s'associe pas à la France civile, dont elle ne comprend pas les besoins, mais encore a-t-elle constamment les yeux tournés vers la Méditerranée, faisant, sans trop le cacher, des vœux pour celui qui du faîte des grandeurs est tombé dans l'infortune. Nous dirons plus, cette position de son chef semble même avoir doublé son attachement pour lui.

Puisque l'armée aime les dangers, il ne lui reste désormais qu'à prendre patience ; l'administration, de concert avec ses affidés, est en train de lui préparer, ainsi qu'au pays, de nouveaux malheurs. En ce moment, plus qu'à toute autre époque, on a pu dire avec vérité que le roi règne, mais ne gouverne pas. Ses intentions les plus pures, son dévoûment absolu aux intérêts de la patrie, rien ne peut arrêter ni dominer les obstacles de toute nature que de toutes parts lui suscite une administration gangrénée. Ici, ce sont les dîmes ; là, les biens nationaux que l'on va rendre ; ailleurs, les fonctions publiques, civiles et militaires, qui ne doivent plus être que le partage des nobles : ajoutons à cela une foule de créances émises sur la place en bons royaux frappés de discrédit par une nuée de vampires, afin d'en retirer plus tard un lucre qui, par la suite, sera la source de tant de fortunes aussi scandaleuses que salement acquises. Aussi, à travers ce conflit, ce pêle-mêle d'intérêts si divers, la restauration, ne pouvant marcher, est-elle réduite à se traîner. En vain les grands pouvoirs de l'Etat se sont-ils rangés du côté du monarque ; en vain ce dernier a-t-il conféré à chacun des membres de sa famille des dignités militaires qui devraient lui attacher l'armée : espérances stériles ! Un d'entre eux, qui plus tard périra de la main d'un assassin, est devenu dans ses rangs l'objet des plus noires calomnies (11). Hommes et choses en sont à ce point, quand enfin se manifesta la catastrophe de 1815.

Napoléon débarque !... Que faire en cette occurrence ? Appeler à soi tous les pouvoirs de l'Etat, leur faire part de ce que peut avoir de désastreux pour la patrie une semblable tentative, prendre conseil de la législature assemblée, telle fut, dans ces circonstances difficiles, la loyale conduite du monarque ; et l'inflexible postérité dira que, par l'abnégation qu'il sut faire de sa royale personne, il se montra plus grand que son malheur.

L'évènement officiellement annoncé, des mesures de sûreté générale sont prises. Une proclamation est lancée; elle échouera dans son but, par les motifs mêmes qui la dictèrent. L'armée, qui, par suite des mesures adoptées, est pour ainsi dire échelonnée des bords de la Seine à ceux de l'Isère, va tout à l'heure ressembler à ces longues avenues que l'on sable pour la commodité du piéton. En effet, Napoléon, qui possède le sentiment de sa situation, après avoir évité avec un soin tout particulier de se commettre en présence de quelques-uns de ces obstacles qui d'ordinaire déconcertent la témérité, arrive furtivement avec sa petite armée sous les murs de Grenoble. Il compte dans cette ville de nombreux partisans; et pour être véridiques, nous devons ajouter que Napoléon, malgré les malheurs que sa seule ambition a attirés sur la France comme sur lui-même, conserve, au milieu des classes populaires, l'empire de sa haute renommée; il en est aimé.

Que va donc faire l'armée en revoyant son chef? se demande-t-on de toutes parts. Sa position est difficile; la pente est glissante, car il n'y a que deux issues possibles pour elle, ou remplir un devoir rigoureux, ou plonger la patrie dans de nouveaux malheurs : c'est ce dernier parti qu'elle adopte. L'armée en masse se parjure !... Napoléon est par elle triomphalement remis sur le pavois. Elle vient de gagner partie sur la France, dont elle a fait bon marché; mais il lui reste encore à jouer avec l'Europe : aussi la verrons-nous, pour soutenir son ouvrage, prodiguer, avec une générosité à nulle autre pareille, le plus pur de son sang; elle s'est bénévolement placée dans cette alternative : *Vaincre ou mourir!...* Elle va donc de nouveau prouver au monde étonné comment elle sait mourir.

Napoléon, qui, semblable à une fusée, a

franchi l'obstacle pour venir tomber à Paris, ne l'a point vaincu. Une partie notable de la nation, celle qui représente en tout temps les intérêts réels d'un pays, ayant sondé l'avenir, n'a point cédé aux influences désastreuses de l'armée; et tout en déplorant ce que dans ces conjonctures a eu de pénible sa position, elle regrette en elle l'oubli de ses devoirs. Observons en outre, comme nous l'avons dit plus haut, que le gouvernement constitutionnel a déjà jeté parmi nous quelques racines; cet essai a profité au pays : l'acte de l'armée est donc jugé le fait d'une troupe prétorienne.

N'ayant entrepris cet ouvrage que dans un but spécial, les influences réciproques de l'armée sur le peuple et du peuple sur l'armée, nous ne ferons pas suivre au lecteur les faits déjà connus, qu'en-deçà comme au-delà de France produisirent les cent jours; nous nous bornerons à lui rappeler seulement qu'avec Napoléon reparaît en entier le gouvernement impérial, c'est-à-dire le gouvernement militaire, et que l'espèce de replâtrage constitutionnel que les circonstances lui ont imposé ne sera pour lui, dans l'avenir, qu'un embarras de plus. En effet, Napoléon, de retour en France, n'a de réellement enchaîné à sa cause que l'armée. Dans son parlement, essentiellement bavard, figurent des hommes dont les vues démocratiques remontent bien au-delà de l'empire : ce seront ces derniers qui, en complétant sa chute, achèveront de détruire l'influence qu'exerçait cette dernière.

Napoléon, comme assombri de l'isolement où l'ont laissé les hautes classes de la société, retrouvant à son égard l'Europe dans les mêmes dispositions que celles qui avaient motivé la subversion de son autorité, se prépare de nouveau au combat.

L'armée française est magnifique ; une année de restauration a apporté dans ses rangs des améliorations sensibles, tant dans son instruction que dans les diverses parties de son administration ; il ne s'agit donc que de l'augmenter, ce qui a lieu. Hors ligne, des corps auxiliaires, sous la dénomination

de *fédérés* et de *corps francs*, sont formés ;
les administrations locales des provinces
dévouées, et la capitale surtout, s'empres-
sent à qui mieux mieux de compléter ces
corps avec la gourme de nos cités ; des chefs
de tous grades, choisis parmi les officiers
qui n'ont pas ce qu'on appelle *une position*,
y reçoivent des commandemens (12). C'est
donc avec ces ressources, auxquelles il faut
joindre nombre de gardes nationaux desti-
nés au service des places, que Napoléon
entre en campagne.

Des succès éphémères signalent tout d'a-
bord son arrivée sur le lieu des combats ;
mais, ô destinée terrible ! une bataille à jamais mémorable est livrée. La victoire, long-
temps incertaine, ne sait sur lequel faire
tomber son choix, quand tout à coup, aban-
donnant les aigles impériales, elle va se
fixer sur les drapeaux étrangers !... Des lar-
mes... du sang... une mort glorieuse... voilà
ce que lèguent à la France, après des efforts
aussi sublimes que généreux, des héros dignes d'un meilleur sort, sans doute, qui,

faute d'avoir compris, faute de s'être associés aux vœux de la portion la plus notable de leur pays, ressemblent à cette amante passionnée qui sacrifie à l'objet qu'elle adore, honneur, fortune, existence : voilà l'armée!!!...

A dater de ce terrible jour, qui n'est encore que le prélude des maux qui vont fondre sur la patrie, l'armée ne remplira plus qu'un rôle secondaire; elle ne sera plus en possession de cette haute influence qu'elle exerçait naguère : désormais, au contraire, elle en subira de différentes en raison des modifications que chaque changement de cabinet apportera dans ses rangs. Après l'épreuve qu'elle vient de subir, après la perte du seul chef dans lequel elle avait mis ses espérances, nous la verrons, retranchée derrière la discipline, remplir strictement son devoir, mais rien que son devoir : de l'enthousiasme, nous n'en trouverons plus ; un amour réel, du dévoûment aux Bourbons, jamais!... L'armée ne tiendra plus au pays que par la somme de ses besoins ; la patrie sera, par elle, uniquement reléguée dans le sol (13) : position déplorable, qui ne sera pas plus une garantie de sécurité pour la France, que pour le monarque appelé par sa haute naissance à la gouverner. Les causes d'un semblable état de choses ressortiront pleinement des développemens que nous donnons à cet ouvrage.

Reprenons le cours des évènemens. Nous sommes au mois de juin 1815 : la bataille de Waterloo perdue, la puissance militaire n'est déjà plus!... Napoléon, comme si ce n'était assez pour lui de ce revers, a la douleur de voir son parlement démocratique lui ravir jusqu'à l'ombre de cette puissance. Ce n'est plus cependant sous le titre d'*empereur* qu'il sollicite de lui le commandement de l'armée sous Paris, c'est en qualité de *simple général :* il est durement repoussé!... Il en est quelques-uns parmi ces tribuns qui, n'ayant plus que quelques jours, quelques heures même d'existence politique, semblent n'en profiter en cet instant que pour humilier la plus haute figure des temps modernes!...

Une capitulation est signée. Par suite des conventions y stipulées, l'armée française traverse la Loire ; l'étranger, en moins d'une année, occupe la capitale pour la seconde fois ; ses troupes sillonnent le royaume dans tous les sens; des désastres, en raison des résistances locales, suites inévitables d'une invasion, s'ensuivent ; la capitale se trouve, pour son compte, dépossédée de ses riches tributs des arts, de ses brillans trophées, dont la quittance, endossée par tant de sang, avait entraîné, l'année précédente, de la part d'un prince magnanime, prescription (14).

Qui donc, ô France ! en remontant de si tristes effets vers leurs causes, t'a valu ces malheurs?... l'armée ! oui, l'armée, à laquelle tu avais commis le soin, la garde de tes intérêts ! l'armée, qui, en méconnaissant tes vœux, t'imposa Napoléon!... (15)

Nous voici donc, lecteur, arrivés au commencement de cette période de quinze années si fertile en évènemens et en intrigues de tous genres. Quoi qu'en disent ses détracteurs, elle ne fut ni sans profit pour la

France ni sans gloire, force est bien de le reconnaître aujourd'hui, pour ceux auxquels la Providence avait confié le soin de sa destinée. Il est vrai de dire aussi que jamais, à aucune autre époque, on ne vit de semblables déceptions!!! Jamais la ruse, unie à la perfidie, ne marchèrent d'un pas plus égal vers leur but; et comme l'armée participe toujours de son époque ainsi que des impressions qu'elle reçoit du gouvernement, c'est pourquoi nous verrons aussi cette dernière produire ses comédiens. Les sermens prêtés, les faveurs sans nombre dont le monarque l'aura comblée, tout cela sera considéré par elle comme une simple redevance de la patrie, le roi, qui en aura été le noble dispensateur, ne devant en attendre ni reconnaissance ni fidélité. Si l'on nous demande quelles causes ont pu produire de si douloureux résultats..., nous n'hésitons pas à déclarer qu'avoir entrepris de créer un tout homogène au moyen d'élémens qui, de leur propre nature, tendaient à se repousser sans cesse, fut un acte de témérité, un écueil contre lequel la monarchie devait sombrer d'abord, puis se briser ensuite. Qu'on ne suppose pas qu'en traçant ces lignes nous ayions eu pour but de lancer une exclusion, une sorte d'interdit contre les hommes d'un ancien état de choses : non ! telle ne fut jamais notre pensée. Ce que nous blâmons est moins l'inopportunité de la mesure que l'époque choisie pour son adoption. En effet, la tempête n'était pas encore assez loin de nous. Ce que nous blâmons surtout, c'est que le soin d'une semblable fusion, qui n'aurait dû s'opérer que dans des vues de conciliation et de concorde, ait été confié à une administration d'homogénéité toute révolutionnaire, qui, à dater de ce funeste jour, excitant tour à tour les partis, planta parmi nous l'étendard des réactions : telles furent les causes, tels furent les effets ; ceci nous amène naturellement à conclure que de la droiture du cœur peut seule naître la rectitude des idées... Reprenons le cours des évènemens.

Après la terrible épreuve que vient de faire

subir à la France son armée, l'équité comme
la saine politique semblaient imposer au monarque de ne confier désormais les armes
de la patrie qu'à des mains fidèles. Les élémens sont sous sa main. Ce dernier est ren-
tré dans sa capitale accompagné d'une petite
armée dont l'état numérique forme un con-
traste choquant avec le dévouement. De
toutes les parties de la France ont surgi, au
moment des cent-jours, des preuves de fidélité; la noble Vendée a de nouveau versé
son sang pour une cause qui ne la trouva
jamais indifférente : c'est donc dans les rangs
de ceux-ci que le roi devra puiser les élémens de sa nouvelle puissance.

A cet effet un homme d'Etat, un homme
de bien (16) qui, de nos jours, devait pa-
raître austère; un ancien ministre de l'empire qui a accepté le portefeuille au moment
du danger, qui a partagé l'exil du souverain,
semble user les derniers momens d'une honorable et laborieuse vie à réorganiser pour
la France et pour son roi une armée nouvelle; en vain l'ancienne lui parle-t-elle de

ses droits : inflexible, il lui rappelle ses devoirs qu'elle a méconnus. *Fidélité*, *patrie*, inscrits sur sa bannière, le rendront incessamment l'objet des plus viles calomnies ; doué d'une grande âme, né éminemment sensible, il succombera sous le poids des chagrins que lui distilla la haine, et ne s'y soustraira qu'en fermant sur lui la porte du tombeau.

Pendant le court espace qu'aura duré son administration, il aura doté la France d'une armée sinon nombreuse, du moins offrira-t-elle dans son ensemble un dévouement réel pour la patrie et un attachement sincère au roi, que, dans un égal amour, elle se plaît à confondre. Des doctrinaires, introduits plus tard dans ses rangs, n'ont pas encore soufflé cette maxime pernicieuse destructive de toute monarchie, que *servir avec fidélité le monarque, ce n'est pas toujours servir la patrie!!!*

Par ses soins, ce ministre aura encore environné le trône d'une garde royale, l'admiration de l'Europe, dont la belle tenue, la discipline, et, quinze ans plus tard, l'honorable dévouement, attesteront les prévisions, les judicieuses préoccupations de l'homme d'Etat qui présidait à son organisation. En effet, il est pour l'observateur une chose qui, bien que minime en elle-même, ne laisse pas que d'offrir une grande portée : nous voulons signaler, dans les journées de juillet, cette disposition de la classe populaire, qui, instinctive de sa nature, s'écriait pendant le combat : *Vive la ligne! vive la ligne!* Qui donc lui avait suggéré ce cri plutôt que celui de *vive la garde!* qu'elle ne proféra jamais?..... Eh bien! cette fatale disposition des esprits, cette sorte d'appel à la révolte demeure à nos yeux comme la critique la plus positive, la censure la plus amère des actes de l'administration que nous allons parcourir (17). Avant d'aller plus loin, il n'est peut-être pas hors de propos de dire un mot sur les deux ministres qui, au département de la guerre, se succédèrent de 1815 à 1817.

Le premier, administrateur consommé, homme spécial en ce genre, a long-temps géré la guerre ; il doit à ses rares talens sa haute position : la modestie de sa fortune témoigne hautement de son intégrité. Aussi, malgré les mauvaises passions dont il est environné, conserve-t-il toujours la haute main : il est ministre, il domine.

Le second au contraire, homme de guerre (18), a acquis son renom sur les champs de bataille. Le roi a bien pu le nommer ministre ; mais, de fait, il ne l'est pas ; et son ministère, se constituant ministre à sa place, lui fait endosser toutes les turpitudes et toute la rouerie de ses actes ; il est dominé. Ajoutons à cela que ses inclinations personnelles le portent vers les arts, qu'il aime et cultive.

Nous ne nous faisons pas juges des personnes : à l'histoire est réservé ce soin ; nous ne décrivons que des influences, mais nous analysons les actes ; et comme nous trouvons une connivence fatale entre ceux de ce dernier et ceux d'un de ses collègues devenu depuis tristement célèbre (19), nous ne craignons pas d'affirmer qu'à dater de leur funeste apparition aux affaires, la monarchie en France a perdu tout équilibre ; désormais elle ne pourra pas plus s'appuyer sur la force militaire confiée à l'un que sur la puissance civile dont l'autre est en possession.

A l'arrivée du premier au département de la guerre apparaîtront ces comités composés d'officiers-généraux choisis dans les rangs de l'ancienne armée, que, sous le spécieux prétexte de faire concourir à une organisation plus complète, en raison de leur expérience, commenceront par tout désorganiser : nous ne citerons qu'un exemple entre beaucoup d'autres : ce sont ces modifications sans nombre, ces changemens d'uniformes aussi subits que continuels, aussi dispendieux pour l'Etat que ruineux pour les officiers, qu'eut à essuyer la nouvelle armée, de 1817 à 1821, époque à laquelle on mit enfin un terme. Mais il est bon de remarquer que déjà à un autre ministre appartint la répression de cet abus. Voici pour le côté matériel : passons au moral.

C'est alors que, partant à des époques périodiques de la capitale, des officiers-généraux, sous le titre d'*inspecteurs*, munis d'un livret qu'accompagneront les notes secrètes de l'administration, nous verrons annuellement opérer dans les corps ces coupes réglées qui, en tous lieux, dans tous les grades et sous mille prétextes, viendront frapper ceux dont le plus grand tort à ses yeux sera d'être entaché de royalisme (20)!!!

En ce moment naîtra dans les rangs de l'armée un phénomène aussi curieux qu'il fut bizarre ; le napoléoniste le plus fougueux sera en vingt-quatre heures, le croira-t-on ? devenu libéral ! à ce point que, dans les mutations sans nombre qu'imposera à l'armée son ministre à chaque nouvelle figure qui se présentera, si c'est un colonel, par exemple, on se demandera : « Comment pense le colonel qui nous arrive ? » le royaliste de s'écrier : « C'est un napoléoniste ! — Non, répondra celui-ci, c'est un libéral. »

C'est ainsi qu'au moyen d'un système frauduleux et des influences funestes qu'il aura exercées, l'armée aura en peu de temps perdu cette unité d'intention, cette unité de vues qui avait présidé à sa création première : le machiavélisme administratif aura, par la somme d'arbitraire dont sont empreints ses actes, inoculé dans ses rangs la discorde. C'est alors que de toutes parts on verra naître ces duels que l'autorité des chefs sera souvent impuissante à réprimer, en raison même des principes opposés qui en seront la cause.

Ailleurs de jeunes officiers fortunés sortis de la maison militaire du roi, qui, de par l'honneur et pour l'honneur de le servir, ont adopté la carrière des armes, en voyant les tribulations, les dégoûts dont on l'environne, se hâteront, par des démissions soudaines, de déserter des rangs où les principes qu'ils professent, désormais méconnus, sont de plus devenus un titre à la persécution.

Ce sera sous ce ministre, qui, en raison même des louanges que lui décernèrent nos adversaires, sera pour nous un sujet de défiance et d'antipathie, que nous entendrons les subalternes de son ministère, élevant la voix sur les milliers de réclamations qu'il aura soulevées, répondre d'un ton dédaigneux à ses victimes : « Monsieur a sans doute fait le voyage sentimental? » A celui-ci : « Monsieur veut être plus royaliste que le roi. » A un autre : «Monsieur, le roi ne reconnaît pas les services des héros de broussailles (21)!!!» et autres gentillesses de ce genre!...

Ce sera encore sous ce ministre que, pour légitimer les justes appréhensions des royalistes, nous verrons éclore, au sein même de la capitale, ces complots militaires déshonorans pour l'armée, inquiétans pour le trône, où figureront pour chefs des officiers de tous grades auxquels, dix ans plus tard, un gouvernement issu de l'émeute, décernant la couronne du martyr, viendra témoigner de sa complicité d'alors (22).

On pense bien que tant d'injustices ne manquèrent pas de soulever de la part des royalistes de nombreuses réclamations. Outre celles adressées directement aux ministres, bon nombre les portèrent jusqu'aux pieds du trône, dans l'espoir que ce dernier ferait prompte et bonne justice. Imprudens! ils n'avaient pas compris toute la rouerie de la centralisation; ils ignoraient que là les attendait une déception nouvelle! Ils n'étaient que blessés, et couraient se faire égorger!!! En effet, un ayant-droit se trouvait-il lésé, il adressait en dernier ressort un mémoire au roi, peu de jours après il recevait du secrétaire du cabinet un petit imprimé conçu en ces termes: « Monsieur, Sa Majesté me charge de vous « informer que, par décision en date du...., « le mémoire que vous lui avez adressé a été « renvoyé à M. le ministre-secrétaire d'Etat « au département de... Ce sera donc désormais « auprès de cette excellence que vous devrez « suivre vos instances, etc. » Suivons un peu ce mémoire ainsi renvoyé. Arrivé au bureau des entrées, il était enregistré par ordre de date, avec analyse de son contenu. Le ministre ne le voyait seulement pas, que déjà il était dirigé vers les bureaux desquels ressortait la demande. Or, il est souvent advenu que c'était justement là que se trouvait le chef ou le sous-chef de division, ou, ce qui est pis encore, l'obscur commis qui avait provoqué la mesure contre laquelle on réclamait. Aussi la demande se trouvait-elle pour jamais enfouie, et la victime était cette fois étouffée...... Ainsi, pour tout homme sensé, un recours au roi se résumait à peu près en ces termes : « Sire, le soussigné a « l'honneur d'informer Votre Majesté que « Cartouche l'a volé, etc. » Et le souverain de répondre : « Par décision de tel jour, « vous êtes informé, monsieur, que vous « voudrez bien vous présenter devant Car « touche, attendu que c'est à cette autorité « qu'a été renvoyé votre mémoire!!! »

Hommes et choses en sont à ce point, lorsqu'un farouche et obscur assassin, duquel *la calomnie seule* n'aura peut-être pas *guidé le bras,* fera tomber sous ses coups un prince généreux qu'escorteront au champ du repos les sincères regrets de ceux qui, en position de le bien connaître, auront su l'apprécier.

A ce terrible moment les yeux du monarque sembleront se dessiller, car lui-même est chancelant. Mais, hélas! il sera trop tard! L'exception étant devenue partout la règle, elle dominera la situation (23) : nous ne craignons donc pas d'affirmer de nouveau qu'à dater de cette administration déplorable, la France sera bien pourvue d'une armée, il est vrai, mais une armée royale, une armée dévouée au principe monarchique, une armée sur laquelle, en cas de revers, pourront compter les Bourbons, jamais!... Les évènemens qui s'apprêtent seront loin de donner un démenti à nos assertions. En attendant, poursuivons dans tous ses replis le monstre centralisateur, indiquons en termes précis les traces de son passage, et démontrons surtout que, si l'évènement sous lequel la monarchie a dû succomber n'est plus tôt advenu, les causes de ce temps d'arrêt ne sauraient lui être attribuées.

La formation de l'armée française en légions départementales offrait bien quelques inconvéniens, il est vrai ; mais nous aurons l'occasion de démontrer si les quelques mo-

tifs (24) qu'aura fait valoir l'administration ,
pour leur fusion en régimens, seront une com-
pensation aux avantages réels que devait tirer
la monarchie de cette première organisation.
En effet la France présente, dans les diverses parties de son ensemble, des physiono-
mies qui, sous le rapport politique, n'ont
aucune analogie entre elles. C'est ainsi que
nous voyons le Midi être royaliste, l'Est libéral, le centre et les provinces du Nord
participer de ces deux nuances; l'Ouest,
c'est tout dire, c'est la Vendée.

Or, en présence de révolutions que pro-
voquent d'ordinaire des minorités turbu-
lentes, il devenait indispensable de rassurer
et surtout d'étayer le trône : on concevra
donc facilement les avantages positifs qu'offrait à ce dernier une telle organisation. Elle
lui assurait, en cas de tempête, un port, des
moyens de salut; et de même qu'au moment
du danger d'Assas avait pu s'écrier : *A moi,
Auvergne!* de même aussi, à son tour, la monarchie en péril pouvait s'écrier : *A moi,
Vendée!* Elle offrait en outre, pour l'avenir,

une double garantie : les officiers concourant à cette formation devant, autant que possible, être choisis sinon dans le département, au moins dans la province dont ils faisaient partie, se trouvaient pour ainsi dire constamment en présence de leurs pairs. Qui pourrait, à la vue de ce simple aperçu, méconnaître le but moral et matériel tout à la fois que se proposait l'homme d'État, l'homme vraiment digne de ce nom auquel la gravité des circonstances avait dicté cette sage mesure?..... Eh bien! interrogeons les actes de l'administration qui lui succéda, et voyons si, en se lançant dans une voie opposée, elle fit preuve de patriotisme, et si elle y fut réellement guidée par cette philantropie dont elle se prévalut alors.

Consultez à ce sujet, nous, tour à tour témoins et victimes de vos actes, nous répondrons : « Non! la philantropie n'eut aucune part à vos décisions; elle n'assista jamais à vos conseils... Mais cette mesure, vous ne l'avez que trop bien compris, était un obstacle à vos projets désorganisateurs. Elle s'offrit à vos yeux comme un commencement de cette décentralisation qui allait enrichir la monarchie de toutes les pertes de votre influence ; elle tendait à rendre à diverses localités cette puissance morale qui, appuyée sur les armes, fut pour vous un motif d'effroi ; de là partant, le motif réel de la dissolution des légions : telle fut la cause, tel fut l'effet. »

Après les déceptions que nous venons de décrire, l'armée, veuve de la plus grande partie des hommes qu'un dévoûment éprouvé avait fait concourir à sa formation, présentera un tout autre aspect. Elle conservera bien, il est vrai, çà et là quelques débris auxquels la présence aussi subite que nécessaire d'un autre ministre, homme aux vues droites (25), sera venue comme en aide pour contenir l'arbitraire administratif ; mais le coup sera porté, ils ne présenteront plus qu'une faible minorité ; l'impérialisme, devenu tout à coup libéral, dominera par son état numérique d'abord toutes les positions, auquel la loi sur l'avancement en raison de l'ancienneté viendra encore attribuer tous les avantages. A dater de ce jour, l'armée ne sera pas plus monarchique que nationale ; elle n'obéira, comme nous l'avons dit précédemment, qu'à la somme de ses besoins ; elle ne sera plus, en un mot, que l'armée de l'administration, en raison des influences que cette dernière est en possession d'y exercer.

En vain le nouveau ministre, dont la loyauté égala le courage, s'attachera-t-il à redresser beaucoup de torts, à pallier bien des injustices : la somme que son devancier aura laissée à sa charge sera trop pesante. C'est ainsi qu'étranger à un passé funeste qu'il réprouve, nous le verrons s'attacher sans relâche à apporter dans l'armée, avec cette finesse de tact d'un militaire consommé, cette foule d'améliorations matérielles dont elle se ressent encore aujourd'hui. Quant à des améliorations morales de la nature de celles que nous définissions tout à l'heure, elles lui seront interdites ; l'administration, touchant cette question, aura dépassé lui et ses successeurs.

Ainsi se sera perpétué jusqu'en 1830 un système qui, semblable à l'arbre de Java, aura, en sapant la monarchie dans ses fondemens, frappé sinon de mort, au moins d'impuissance et de stérilité, une institution qui, dans l'hypothèse d'un danger, soit extérieur, soit intérieur, devait être son plus ferme appui. Ajoutons qu'en raison même de son origine et des influences directes qu'elle recevra du haut de la tribune législative, elle fera partie de l'opposition, et que dès lors on a pu affirmer sans métaphore que, dans les affaires du pays, ce fut au côté gauche que siégea l'armée.

Qu'après l'exposé de tant de faits accablans pour elle, la révolution triomphante ait lieu de s'énorgueillir de sa facile victoire, à elle permis; mais nous lui demanderons, nous, s'il était bien difficile de gagner partie contre un loyal adversaire qui comptait dans ses rangs les tricheurs de tous les bords. A la révolution qui, après le combat, se demandait où étaient les royalistes, nous répondrons par cet écrit; et nous lui dirons

encore que, dans la lutte fatale qui fut enga-
gée, elle n'eut à combattre qu'un seul adversaire, le *strict devoir*. Or, il nous est permis de penser que si à cet honorable sentiment était venu se joindre celui d'un dévoûment intime, les chances de son triomphe
devenaient pour le moins douteuses. Nous
dirons plus, nous affirmerons même que la
révolution n'eût osé rien tenter, car il est
dans sa nature de ne se montrer forte qu'envers les faibles.

Nous demandons pardon au lecteur de
cette digression, que nous avons cru nécessaire à l'exposé de notre cause, et nous reprenons le cours naturel des évènemens, qui
nous ramènent vers 1823.

En ce moment, une révolution militaire
survenue dans un pays voisin, révolution
qui, enchaînant le monarque, aura substi-
tué la puissance du fait à celle du droit, ré-
clamera à la fois et la sollicitude du roi de
France et la sérieuse attention de l'Europe,
dont elle tend à troubler l'harmonie. La
guerre à l'insurrection résolue, cent mille

Français, commandés par un prince, reçoivent l'ordre de franchir les Pyrénées. Sous le rapport matériel, rien n'égale la beauté de l'armée, dont la tenue, l'équipement et l'instruction ne laissent rien à désirer; mais sous le rapport moral..... Quelques rumeurs parvenues au pouvoir, qui en ce moment compte à la guerre un autre ministre, homme d'une loyauté peu commune (26), décèlent en lui l'inquiétude et l'hésitation. En effet, la guerre qu'il se propose n'a pour but ni la conquête ni le morcellement d'un royaume ; c'est contre des idées colorées des mots magiques de *constitution*, de *liberté*, que s'apprête à tonner le canon ; pour tout dire, en un mot, c'est une guerre de principes : or, ces principes, le pouvoir en est instruit, comptent dans l'armée de nombreux et puissans auxiliaires. Quels seront donc, en cet instant décisif, ses moyens de succès? les voici : l'honneur d'abord; puis cette minorité purement monarchique, échappée à la faux administrative, qui, répartie çà et là, sera plus que suffisante pour contenir les mauvais vouloirs et l'hésitation de la majorité. A cet instant, aussi douteux qu'il fut décisif, nous verrons, après le premier coup de canon tiré des bords de la Bidassoa contre la révolte, l'armée, en dépit d'insinuations perfides, se ranger du côté de l'honneur, et remplissant fidèlement son devoir, prêter au principe monarchique son puissant appui; en vain, la propagande aura exhumé de ses ténébreux arsenaux le signe symbolique des révolutions, la rébellion succombera! Et il est aujourd'hui plus que permis de croire, que peut-être par sa loyale conduite alors, l'armée française préserva l'Europe d'un nouvel embrasement.

De retour en France, elle aura reçu de la munificence des deux monarques les tributs dus à sa belle conduite; mais la révolution qui, sous le titre d'opposition libérale, masque ses projets, trahissant le dépit qu'elle ressent, n'aura pas assez de tous les organes à sa solde pour flétrir cette campagne.

Peu de jours se seront écoulés lorsque la Providence appellera à elle un roi modèle de persévérance et de modération, qui, pendant le court espace de son règne, maintenant la France au premier rang des nations, sera parvenu à acquitter les dettes de trois gouvernemens précédens, aura soldé les frais de deux invasions successives, fait taire les factions, déclaré la guerre, puis honorablement conclu la paix.

C'est dans cet état qu'un prince chevaleresque, un prince débonnaire viendra prendre possession d'un trône qu'environne un faux calme ; en vain, dans les effusions de son cœur, se sera-t-il écrié : *Plus de hallebardes!..... liberté absolue de la presse!......* Cette concession inopportune, ce coutcau à deux tranchans que manie si habilement la révolution, dirigé d'abord contre les actes de son gouvernement, finissant par l'atteindre lui-même, portera à la monarchie le coup décisif. En vain, comme pour témoigner de la loyauté de ses intentions, aura-t-il prêté son puissant concours à un peuple héroïque que décime le croissant, son règne n'aura été qu'une lutte continuelle où la révolution, personnifiée dans la presse dite *libérale*, comptant ses files et numérotant ses pelotons, attendra avec impatience le moment d'en venir aux mains; et, chose étrange dans la destinée de ce prince infortuné! ce sera au moment où d'une main il aura enrichi la France d'une brillante conquête, que la révolution implacable lui brisera dans l'autre le sceptre qui la lui avait assurée.....

Sic fata voluêre.....

Nous voici enfin, lecteur, en présence de cette révolution qui, bannissant toute une dynastie, aura, par ses nombreuses ramifications, ébranlé jusqu'en ses fondemens l'Europe. Notre but n'est pas d'entrer ici dans les détails de cette révolte de trois journées qui, à part les mauvaises dispositions prises par l'autorité, aurait dû succomber mille fois, telle est du moins notre pensée, si elle eût eu à combattre de ces convictions profondes qui, produisant un dévouement réel, deviennent la sauve-garde des principes. Or, nous croyons avoir suffisamment établi par ce qui précède, qu'à part quelques honorables exceptions, tel n'était pas en général l'esprit des hommes appelés à repousser une semblable agression. Nous dirons de plus qu'en raison du principe qui servit de ralliement à la révolte, ils en faisaient en quelque sorte comme partie, car qui ne dit mot consent.

En effet, en cet instant de crise où la monarchie en péril vous faisait, de par l'honneur, un devoir de voler à son secours, qu'êtes-vous donc devenus vous tous officiers-généraux de toutes classes, officiers d'état-major de tous grades, parasites de toutes les époques, que, d'ordinaire si vains de vos titres, on voyait encore, il y a peu de jours, vous pressant à une auguste cérémonie (27), environner le souverain et quêter de sa bienveillance un regard, un sourire? Dites-nous donc un peu à votre tour si, renfermés dans vos kiosques, la prudence aussi vous fit une loi d'éviter les filets de Saint-Cloud (28)?... Car enfin, aux yeux de la multitude la plus vulgaire, votre poste, celui que vous assignait l'honneur, n'était-il pas auprès du prince menacé?... N'étiez-vous pas par état les soutiens naturels du trône, les sauve-gardes de la monarchie qu'à vos risques et périls vous aviez juré de défendre?..... Les immenses avantages qu'elle eût tirés de votre concours, qui, vu sa situation, lui aurait donné contre la révolte le caractère d'une honorable protestation, se sont-ils jamais offerts à votre pensée? L'effet moral que, sur un peuple travaillé par des factieux, pouvait produire votre simple participation, ne fût-elle que médiatrice, vous est-il échappé? Non! nous répondrez-vous, mais nous servons la patrie.... Puis, pour comble de déception, quelques jours à peine écoulés, parodiant le vers de Sosie, nous vous entendrons dire : *Que la véritable, la seule dynastie est celle où l'on dîne!!!* Oh! qu'il a raison ce publiciste éclairé, lorsqu'il nous dit : *Que les monarchies ne peuvent se soutenir que par l'honneur, et les républiques par des vertus.....* Ces élémens indispensables de stabilité venant à manquer à l'un ou à l'autre de ces gouvernemens, l'avenir et le bonheur des peuples sont sans cesse en question... Mais qu'eût-il donc dit de nos jours en présence d'une royauté sans royalistes?...

A quelles pénibles émotions ne serait pas en proie le cœur de tout Français sincèrement ami de son pays, en songeant qu'un si lâche abandon, une si coupable indifférence envers une famille infortunée dont le passage ne fut marqué que par des bienfaits, proviennent en partie de ceux-là mêmes qui, quinze ans plus tôt, rangeant toute la patrie dans un seul homme, la lui sacrifièrent sans pitié!!! Mais aussi quelles douces compensations, quelles espérances ne poindraient dans l'avenir lorsqu'il se rappelle ces hommes honorables qui, mus par un tout autre sentiment que celui d'un strict devoir, entourant le monarque au moment du danger et lui faisant de leurs corps un rempart, protégèrent jusqu'aux portes de l'exil lui et sa royale famille! Honneur à vous mille fois, guerriers malheureux! Peut-être, en de si tristes jours, votre loyale conduite préserva-t-elle nos annales d'une page sanglante de plus..... A cette heure suprême où vous représentâtes si noblement la France, vous vous acquîtes à jamais des droits à sa reconnaissance.....

Tel fut pourtant, pendant quinze années, le rôle qu'imposa à une illustre famille si digne, en raison même de ses malheurs, de notre respect et de notre dévouement, une administration qui compte dans ses rangs les roués de toutes les mauvaises causes. Aussi la dynastie légitime ne fut-elle en quelque sorte parmi nous que comme campée au milieu de la révolution et gardée à vue par ses adeptes, les évènemens, à plusieurs reprises, nous ayant suffisamment prouvé que, semblables à ces tribus nomades, elle dut sans cesse tenir ses bagages prêts pour obéir à son moindre signal.

C'est ainsi, lecteur, qu'ayant constamment procédé, au moins dans notre spécialité, des effets aux causes, nous croyons avoir démontré que tôt ou tard la France, tiraillée par les menées d'une administration à la fois corrompue et corruptrice, devait subir

une révolution nouvelle. Nous ne nous arrê-
terons pas autrement à cette dernière, que
pour signaler un fait indice de sa situation
précaire : c'est que, réduite à armer contre
elle-même, elle atteste suffisamment et les
antipathies qu'au-dedans elle inspire, et l'inquiétude que ressent de son voisinage l'Europe monarchique. Or, bien qu'en signalant
une partie des faits qui l'amenèrent, nous
ayions pour ainsi dire montré du doigt ce
qui eût pu, sinon l'éviter, du moins neutra-
liser son action, ce sera désormais en remontant vers une sphère plus élevée, en
traitant la question d'une manière plus générale, que nous établirons avec franchise,
aux yeux de tous, une partie des moyens
que, dans notre conviction intime, nous
croyons propres à maîtriser les révolutions.
Nous éprouvons bien, il est vrai, quelques
répugnances à le dire; mais en ce pays, où
l'on rencontre des opinions partout et rarement des principes, hommes et choses, tout
est à refaire.

Vous tous que rallie le principe sacré de

la légitimité, voulez-vous éviter à jamais les révolutions? Imitez une bonne fois les révolutionnaires... N'allez pas vous récrier à ces mots, car la saine politique, le salut de la patrie vous en imposent le rigoureux devoir. Tout n'est pas également à dédaigner parmi ces hommes. Il vous suffit seulement d'appliquer à conserver, une partie des moyens qu'ils emploient pour détruire. Ainsi, par exemple, pour tout ce qui concerne les emplois publics, comment voyons-nous qu'ait procédé depuis quarante ans la révolution? Conséquente avant tout avec son principe, c'est dans ses rangs, au milieu de ses adeptes, qu'elle puisa sans cesse les élémens de sa puissance civile et militaire. Si parfois il lui est arrivé de s'écarter de ce système, ce n'a été que par voie d'exceptions, veillant scrupuleusement à ce qu'elles ne fussent jamais à même de dominer la règle. C'est par ce seul moyen, aussi judicieux que nécessaire à son homogénéité, qu'en présence même de la restauration, la révolution maintint sans partage son pouvoir dominateur.

La décentralisation, que nous appelons de tous nos vœux, à laquelle se rattache tout ce qui porte un cœur généreux; la décentralisation, que réclament si impérieusement la situation et les besoins de la France, ne serait encore à nos yeux qu'une mesure incomplète, si elle n'était appuyée sur des hommes essentiellement dévoués au principe monarchique; car autrement, semblable au reptile dont les parties du corps n'auraient été que séparées, nous ne tarderions pas à voir reparaître dans son entier l'hydre révolutionnaire. Et qu'on prenne bien garde ici que ce n'est pas dans la puérile intention de produire une fleur que nous traçons ces lignes, mais bien uniquement pour constater un fait.

Les lois, les ordonnances, les Chartes, bonnes ou mauvaises, ces êtres de pure raison, ne pouvant se mouvoir elles-mêmes, réclament dans leur application le concours des hommes. Or, dans un gouvernement monarchique dont l'honneur doit être le premier élément, il importe que ces hommes soient, à part les capacités, doués d'une probité politique reconnue. Cela est si vrai, que la plus mauvaise loi, interprétée et appliquée par un homme de bien, peut devenir protectrice de tous les intérêts; tandis que la meilleure, mise aux mains d'hommes pervers, pourra produire des résultats tout contraires. Il résulte de notre observation que la loi, c'est l'homme. Qu'on n'aille pas surtout, comme alors, se rejeter sur cette prétendue incapacité dont les roués de l'époque, frappant leurs adversaires, tirèrent un si grand avantage : nous croyons que le temps et l'expérience ont plus que fait justice de cette vaniteuse prétention de la révolution à se croire seule apte à gérer l'Etat, car nous sommes fondés en preuve que, sous ce rapport, les hommes qui, en France, représentent la monarchie légitime, n'ont rien à lui envier. Mais s'il nous faut, à propos de capacité, traduire ici notre pensée tout entière, nous dirons, prenant un exemple dans notre profession, qu'il importe beaucoup moins au salut de la monarchie que tel ou

tel officier possède toutes les règles stratégiques, qu'il ne lui importe qu'au moment
du danger ce dernier ne lui fasse demi-tour.
Ainsi donc, avant tout, la probité politique,
telle est pour la monarchie, pour la royauté,
l'ancre de salut; de cette condition première
peut seule naître la stabilité indispensable
au bonheur des peuples. En effet, ce sera
de la probité politique des hommes appelés
à administrer l'Etat que nous devons attendre ces institutions qui, en diminuant ses
charges, feront aimer et respecter ceux auxquels, dans l'ordre naturel, le droit de le
gouverner sera échu; ce sera encore dans la
probité politique des hommes appelés à le
défendre que nous devons trouver des garanties pour sa conservation.

Imitez, vous disions-nous tout à l'heure,
la révolution; oui, imitez sa réserve, sa cir-
conspection; voyez si jamais, à aucune époque, elle fit la faute de vous conférer des charges importantes dans l'Etat! Il lui arriva bien,
il est vrai, d'atteler quelques-uns d'entre vous
à son char; mais commit-elle l'imprudence de

vous en confier les rênes?... Vous fîtes partie de l'attelage, et non des conducteurs.....
La vîtes-vous aussi, courant au-devant de vous, vous porter ces tributs dont elle avait pour habitude de gratifier ceux-là seuls qui lui avaient donné des garanties? Non. D'ailleurs, en nous reportant au temps où vous fûtes admis, qui gouvernait la France? Un colosse, le plus puissant étai des monarchies absolues, un homme qui, bien que le produit d'une révolution qui avait tout fait pour s'opposer à son élévation et à sa puissance, lui fit atteindre le dernier paroxisme de la fièvre dont elle était dévorée; une révolution enfin à laquelle, nous devons le dire, par d'inutiles et inopportunes concessions, la restauration vint rendre la vie..

Certes, il nous est facile de concevoir l'importance qu'alors attacha Napoléon, homme essentiellement monarchique, à s'entourer de royalistes : il imita en cela ce que firent les hommes qui, comme lui, comprirent le grand art de gouverner; il fit preuve de tact, il fit vraiment une conquête.

En effet, honorés dans leur parti, dont ils n'avaient jamais déserté la cause, ils pouvaient avec le temps devenir une garantie de sécurité pour la sienne, par l'espoir fondé qu'il nourrissait, que tôt ou tard il lui rallierait les dissidens. Or, nous devons le constater, il n'avait pas trop présumé d'eux, puisque, jusqu'au dernier moment où ils furent déliés de leurs sermens, tous lui demeurèrent également fidèles, n'imitant pas en ceci les hommes de la révolution, qui les premiers l'abandonnèrent. Mais qui pourra nous dire où était, pour des princes français, pour des Bourbons, la nécessité de les faire s'entourer de ces derniers, qui, repoussés de toutes parts en raison de leur insatiable cupidité et de leurs continuelles apostasies, étaient même avilis aux yeux de leur propre parti? Qui osera nous définir ici les garanties que pouvaient offrir au principe monarchique de semblables hommes? Car en admettant, chose qui n'est point arrivée, que vous fussiez parvenus à les rattacher à votre cause, votre but n'était-il pas manqué, puisque vous ne saisissiez en eux que des hommes isolés, en quelque sorte que des ombres?

A ces mots que nous arrache une juste indignation, déjà de toutes parts nous entendons des voix s'écrier et nous dire : «Vous « ne tenez ce langage que parce qu'une révo- « lution, des faits accablans sont venus don- « ner gain de cause à vos assertions... » D'accord; mais à cela nous dirons : Oui, nous concevons que les Bourbons, après avoir, à leur entrée en 1814, proclamé l'union et l'oubli, après avoir, *de proprio motu*, passé le niveau sur des souvenirs douloureux, devaient à leurs solennelles promesses, devaient à la France le noble abandon dont ils lui donnèrent tant de gages. Cela est vrai; mais la catastrophe de 1815 survenue, cette épreuve terrible ne devait-elle pas être une salutaire leçon? Ne vous avait-elle pas mis à même de discerner l'ivraie du bon grain? Répondez; tranchons au court,.... Dans ce pays d'illusions où l'homme, oublieux de sa nature, jette rarement les regards en arrière, il lui arrive de ne tenir compte que du présent et peu de l'avenir... C'est ainsi que souvent livré à une douce quiétude, il paresse à côté d'un danger imminent. Joignons à cela l'esprit de routine, qui, chez nous, s'érigeant en despote, vient dominer toutes les questions, tel est, nous le pensons, le mot de cette énigme. Or, pour ne pas avoir voulu désorganiser l'administration, pour avoir paressé à côté d'un moyen que les circonstances rendaient indispensable, il est arrivé que l'administration, se fiant sur son irresponsabilité, est parvenue à désorganiser le pays.

Certes, la première mesure, celle qui importait le plus au repos de la France, était sans contredit la décentralisation, qui, jointe aux avantages moraux et matériels qu'elle vous offrait, vous mettait à même de rompre une fois pour toutes avec ces hommes de tous les régimes, qui, ne vous entretenant que de leurs droits, pouvaient impunément, ainsi qu'il est advenu, transiger avec leurs devoirs. Il est en effet, dans la machine centralisante, une chose digne de la plus sérieuse attention, chose qui n'est pas sans causer quelqu'effroi à tout homme sincèrement ami de son pays, quand il songe qu'un ministre, un homme pervers, investi de toute la confiance royale, peut, dans l'espace de quelques mois, avoir pourvu sans contrôle à tous les emplois, depuis le garde-champêtre jusqu'au premier magistrat, au moyen d'hommes à sa convenance. En vain nous dirait-on que tout ministre est responsable ; sauf ceux que la révolution a englouris à Ham, nous ne saurions trop dire où a jamais reposé cette responsabilité ; mais ce qui demeure le fait de nos observations aussi suivies que rigoureuses, c'est que, dans tous les cas et dans tous les temps, l'administration est et fut toujours irresponsable. Sous la restauration, n'avons-nous pas vu à diverses époques des hommes doués du caractère le plus honorable et remplis des meilleures intentions, placés à sa tête ? Eh bien ! voyez s'il leur a été possible de sauver la France et la monarchie de la catastrophe sous laquelle elles viennent de succomber toutes deux! Ceci ne démontre-t-il pas d'une manière palpable, à tous les regards, que l'administration, irresponsable de sa nature, pourvue du blanc-seing d'un ministre quel qu'il soit, peut impunément, en se jetant dans les bras d'une coterie, ce qu'elle a fait, conduire le pays à sa perte; car le temps n'est pas encore loin de nous où l'apostille de M. de Lafayette et autres trouvait près d'elle plus de crédit que celle d'un prince du sang. Mécontenter les gouvernés au détriment des gouvernans, telle fut, pendant quinze années, sa seule, son ignoble tactique.

Quelles ressources, quelles digues pouvait donc opposer à un semblable torrent un pouvoir ainsi ruiné dans sa base? Vous tous, hommes d'honneur, qui ne vous engageâtes jamais en vain, nous vous entendons déjà nous répondre : « Comptiez-vous pour rien « le serment? » Le serment!... Mais aviez-vous donc oublié qu'en ce pays le serment s'émarge sur les feuilles d'appointemens? N'aviez-vous pas surtout remarqué qu'en raison même de l'élévation du chiffre des preneurs, il est plus tôt émargé? D'ailleurs, puisque vous nous transportez sur un terrain si mouvant de nos jours, nous allons vous exposer avec la même franchise que, dans votre intérêt, nous croyons que vous avez négligé deux moyens essentiels.

Le premier est ce défaut de solennité, ce défaut de pompe attaché aujourd'hui parmi nous à la prestation du serment. Nous concevons qu'en ces temps-là, où la religion et les mœurs étaient en possession d'exercer leur salutaire empire, tous les jours, tous les lieux fussent également bons pour le rendre imposant et obligatoire à ceux qui en étaient l'objet; mais quand, ainsi qu'il est advenu de nos jours, un serment aura été prêté entre quatre murs, dans une chambrée de caserne, par exemple; quand, comme nous l'avons vu aussi, le récipiendaire et celui qui le reçoit seront aussi dépourvus de foi l'un que l'autre, quels résultats serait-il permis d'en espérer et d'en attendre?... Notre remarque est donc fondée sur cette conviction intime où nous sommes, que plus l'homme a perdu de vue ses croyances, plus il s'est éloigné de cet état de virginité du premier âge, plus il importe d'environner d'un plus grand éclat les actes de sa vie publique, surtout lorsque ces mêmes actes sont, pour ainsi dire, autant de pactes sur lesquels doivent reposer non seulement le salut de l'Etat, mais encore celui de la société entière. C'est pourquoi nous pensons que, dans un temps de matérialisme, il serait bon de parler aux yeux, d'environner d'une grande pompe la solennité du serment, afin de buriner en quelque façon au cœur de l'homme le souvenir de l'accomplissement de ses devoirs; et nous sommes d'avis qu'en une aussi grave circonstance, l'intervention de la religion ne pourrait que produire un salutaire effet.

Le second moyen, celui qui aurait dû être l'objet d'une sage prévision, est celui-ci :

Il importait d'abord de disposer le serment de telle sorte que les intérêts particuliers fussent pour ainsi dire identifiés avec l'intérêt général; par exemple : après la formule d'usage : « Je jure fidélité au roi, à la patrie, etc., nous pensons qu'il était urgent d'ajouter une restriction, une clause de cette nature : « Dans le cas d'une éventualité, soit « extérieure, soit intérieure, qui, substituant « la violence à nos droits, renverserait l'or- « dre établi, vous nous jurez, sous peine de « perdre tous vos droits antérieurement ac- « quis, de vous démettre de vos fonctions dans « le délai des 24 heures où la nouvelle vous en « sera officiellement parvenue.—Je le jure! »

Celui qui se donnera la peine d'approfondir un serment de cette nature, verra de quelle immense portée il pouvait être pour le salut de la patrie et la consolidation du trône; il mettait par le fait, tout fonctionnaire public en demeure de ne pas jouer à croix ou pile, son avenir, son honneur, son existence!...... Par cela seul, il devenait un puissant obstacle aux sourdes menées, aux basses intrigues, aux complots de toute nature, et de là partant aux révolutions. Ce que de nos jours il ne peut obtenir de la puissance des principes, l'homme d'État doit le puiser dans les intérêts matériels. Cette alternative est pénible, sans doute ; elle est dégradante, elle atteste au plus haut point le degré de corruption où est descendue notre société ; mais qu'y faire, puisqu'il en est ainsi ?... Figurez-vous en effet la France, après la révolution de juillet, dépourvue tout à coup de tribunaux, sans armée, sans administration... Qui n'aurait frémi à l'expectative effrayante d'une semblable anarchie ? Eh bien ! ce salutaire effroi suffisait seul pour s'opposer à son apparition. Nous pensons bien que cette mesure n'était pas en tout concluante ; nous ne savons que trop, par expérience, ce que peuvent des casse-cous politiques ; mais du moins l'honneur restait sauf, les camps étaient jalonnés, et la société française ne se trouvait peut-être pas réduite à essuyer de nouveau le dégoûtant spectacle de ces apostats, de ces transfuges qui, passant alternativement avec armes et bagages à toutes les causes, mettent incessamment son existence en péril.

Nous nous attendons que des hommes doués de moralité, des hommes guidés par les meilleures intentions, vont nous dire : « Mais, « dans l'intérêt de la cause que vous servez, « le moyen que vous proposez est absurde. « Tracer la limite des camps, y songez vous? « serait une folie. La révolution, ne sachant « préciser où sont ses ennemis, ne deman- « derait pas mieux; tandis qu'à l'abri d'un « serment, qui n'a pour nous d'autre impor- « tance que le visa du payeur, nous sommes « en position de lui rendre des services « réels. » A ceux-là nous répondrons : Ar-gumens aussi captieux que pitoyables, que réprouvent à la fois, avec un égal mépris, et la saine morale et la saine politique; car, si à votre tour vous parvenez au pouvoir, il adviendra que vos adversaires ne manquant pas de vous imiter, vous aurez placé la France entre un *va et vient* continuel, qui sera destructif de tous ses intérêts. *To be or not to be,* disent les Anglais. *Etre ou ne pas être,* telle est la devise que nous admettons dans ses plus rigoureuses conséquences.

Celle-ci, du moins, marche tête levée entre la morale et la politique; tandis que vous, au contraire, à part les principes qui vous dirigent, ne fîtes-vous que nombre dans les rangs opposés, vous portez, par cela seul, à la cause que vous prétendez défendre, le coup le plus funeste.

Si, bornés que nous sommes par les limites de cet écrit, il nous était permis d'interroger, d'approfondir une partie des causes déterminantes de cette révolution, ce serait dans la Charte elle-même, dans cette Charte octroyée en 1814, que nous irions les puiser. Là nous trouverions ces lois qui, maintenant la spoliation en principe, placèrent les spoliés en croupe des spoliateurs, en assurant à ces derniers un cens qui, leur attribuant seul le droit d'intervenir dans les affaires du pays, et rendant impuissans les premiers, ne pouvait que devenir funeste au salut de celui-ci. L'argent, telle fut la condition essentielle, la condition exigée pour toutes les aptitudes politiques; on ne sera désormais éligible, on ne sera électeur, on ne pourra intervenir dans les rouages du gouvernement, qu'au moyen de l'argent : or, vous savez tous comme nous en quelles mains la révolution l'a placé. La probité politique, qui est un capital, les talens unis à l'expérience, qui en sont un autre, tout cela aura été considéré comme autant de hors-d'œuvre. Aussi, qu'arriva t-il un jour de cette fausse position? c'est que ceux qui le possédèrent, à un égal taux de perversité, s'en servirent pour ensevelir sous son propre ouvrage la monarchie tout entière. N'allez pas surtout demander compte à ceux-ci des motifs qui les dirigèrent ; ce serait mettre le comble à leurs nombreux embarras. Ces hommes, pour la plupart livrés à des spécialités, n'avaient pas compris toute l'autorité, toute la puissance de ces grandes harmonies politiques, qui, reposant en Europe sur un principe conservateur et se prêtant un mutuel appui, tendent sans cesse à la maintenir dans un parfait équilibre : de là, bien qu'on cherche à nous le déguiser, les résistances qu'ils éprouvent. Les uns, hommes essentiellement de comptoir, crurent, dans leur fol orgueil, qu'il suffisait d'être en possession de telle ou telle spécialité pour être homme d'Etat : de là vient que nous avons vu de plats rhéteurs de collége, enjambant les degrés du pouvoir, se croire dignes désormais de manier le sceptre de la puissance avec la même dextérité que jadis ils maniaient la férule. Tous, plus ou moins avides du pouvoir, visant au moyen de se faire décerner par chacune de leurs coteries le titre pompeux de *grands citoyens*, donnèrent tête baissée dans cette révolution, qu'ils avaient longuement élaborée.

Que ne nous resterait-il pas à dire, en raison même des lois que prodigua cette Charte, si, descendant dans les détails de ce grand ensemble, nous montrions le rez-de-chaussée, la boutique, en un mot, qui, après avoir pris sa part des menées électorales, s'unissant pendant les journées du combat aux prolétaires, vint imposer, les armes à la main, sa révolution à ceux qui, dans la capitale habitant les premiers étages, ont tant de motifs pour les redouter toutes, trompés qu'ils furent par de fallacieuses promesses d'un bonheur et d'une liberté chimériques!... Ils paient trop cher leur erreur pour nous apesantir sur eux; mais qu'il nous soit permis de leur dire que si, pour venger une prétendue injure (29), ils crurent devoir plonger la patrie dans les hasards d'une révolution nouvelle, ce fut ajouter à l'habit qu'ils avaient porté les grelots de la folie.

Nous nous résumons donc, et nous disons qu'honorer avant tout la probité politique, celle qui est en rapport direct avec un principe, fut toujours un acte de justice, un acte de prudence : ainsi, à la république, des républicains; à la royauté, des royalistes.

Dans un gouvernement monarchique et légitime, fonder la puissance civile et militaire en y faisant concourir ceux-là qui seuls lui avaient donné des garanties, était la condition indispensable, la condition *sine quâ non* de sa consolidation et de sa durée.

Décentraliser une administration qui, par cela seul que dans les temps elle n'avait été créée que pour le renversement du principe monarchique, et ne pouvait que lui porter ombrage en paralysant sur une grande étendue du royaume le vœu des populations qui lui étaient sincèrement dévouées, était un besoin aussi impérieux que généralement senti.

Puisque la France était régie par un gouvernement représentatif constitutionnel, il importait, pour que ses vœux comme ses besoins y fussent réellement connus et représentés, que le système électoral s'étendît à tous les degrés, afin d'y faire participer nombre de capacités non moins importantes que celle de l'argent; car, ce dernier ayant subi un déplacement que nous avons signalé, les destinées de la France se trouvaient, par le fait, aux mains de la révolution (30).

Ces mesures rigoureusement remplies, les bases de la monarchie étant ainsi posées, étayer le trône d'un serment conditionnel en l'environnant d'un grand éclat, pour éviter qu'il ne devînt une vaine formalité, telle était, suivant nous, une partie des moyens qui eussent pu prévenir une révolution. Nous n'avons pas, en les indiquant, la prétention de penser qu'ils dussent être seuls suffisans; nous savons qu'au temps était réservé, avec le concours de l'instruction de la jeunesse, le pouvoir de fonder un état de choses durable, en inculquant à cette dernière, outre le sentiment de ses droits, celui non moins important de ses devoirs : mais le pouvoir ainsi pondéré, n'ayant appelé à lui l'exception que comme un témoignage de haute faveur; ayant attendu surtout, pour en agir ainsi, que le flot des tempêtes publiques se fût éloigné de nous, il est à présumer que la France, en pleurant ses malheurs, ne serait pas réduite à rougir de nouveau, aux yeux de l'Europe, sur des hommes qui, placés entre le choix de deux fidélités, celle du *chien d'arrêt, qui rapporte tout au maître*, et celle des *chiens courans, qui ne chassent que pour eux,* ont cru devoir adopter cette dernière.

TELLES FURENT LES CAUSES, TELS FURENT LES EFFETS !...

FIN.

NOTES.

(1) Nous avons cru devoir, dans le courant de cet ouvrage, employer quelquefois cette locution, parce qu'elle caractérise d'une manière précise quelle était alors la situation morale de la France. Cette dernière se trouvait comme partagée en deux parties : l'une, la France militaire, jalouse de conserver ce qu'elle appelait ses droits ; l'autre, la France civile, jalouse de les ressaisir. Tout le monde se souvient qu'à cette époque, quiconque n'était pas militaire était trivialement traité de *pékin*, expression dont nous serions bien embarrassés de constater l'origine.

(2) Toutes les proclamations qui précédèrent l'acceptation de la Charte contenaient une disposition spéciale à cet égard.

(3) Le Français est de tous les peuples celui auquel le sentiment d'une défaite est le plus insupportable ; aussi se montre-t-il toujours très-accessible aux bruits de trahison, dès qu'il éprouve un revers ; aussi la Convention, qui avait une connaissance exacte du terrain brûlant sur lequel elle marchait, se servit-elle très-habilement de cette disposition des esprits, parmi lesquels, assurée de trouver des dénonciateurs, elle put impunément traduire à sa barre nombre d'hommes qui lui portaient ombrage. Nous ne savons que trop ce qui en est souvent advenu.

Le lecteur nous tiendra compte de cette note : il doit se

rappeler que, jusqu'à ce jour, la reddition de la capitale est imputée par beaucoup de gens à la trahison d'un corps d'armée commandé par un maréchal devenu depuis tristement célèbre. Bien qu'entrant dans des détails stratégiques à cet égard, nous soyons plus qu'à même de démontrer d'une manière palpable que sa participation ou non devant Paris ne pouvait, sauf de grands malheurs de plus pour cette cité, rien changer au résultat définitif, nous n'aborderons pas cette question d'une prétendue trahison, vu que rien d'officiel, rien de positif, rien de concluant n'est ressorti, jusqu'ici, de tout ce qui a été dit et publié.

Après le désastre de Waterloo, n'avons-nous pas vu le maréchal Ney accusé de trahison par les siens? Un général que la révolution a gratifié du bâton de maréchal n'a-t-il pas, dans les temps, par des écrits stratégiques sur cette même bataille, cherché à établir aux yeux de tous la culpabilité ou l'incurie d'un de ses collègues, homme dont la réponse à tant d'injustes attaques se résume à peu près à ceci : « J'avais reçu des ordres, je les ai rigoureusement exécutés. » Noble réplique, qui caractérise mieux qu'on ne saurait l'exprimer la fidélité d'un vieux soldat. Eh bien! le maréchal Grouchy, ainsi foudroyé par un adversaire dont, aux yeux d'un parti, la parole était toute puissante, a pourtant été sur le point d'être compris dans la catégorie des traîtres du Mont-Saint-Jean !

(4) **La proclamation d'un frère de Napoléon, qui se**

disposait en même temps à la fuite, publiée dans l'intention d'inspirer une fausse sécurité à la capitale, demeurera
dans la postérité le document le plus ignoble du temps ; et
lorsqu'au moyen d'accusations vagues on cherchait partout
des traîtres, nous ne saurions trop nous rendre compte
des motifs de cette indulgence ridicule, qui n'a pas frappé
du sceau de l'infamie celui qui l'était officiellement.

(5) Qui, pourvu de pudeur, oserait soutenir aujour-
d'hui qu'avoir porté les armes contre la Convention fût les
porter contre la patrie?

(6) C'est alors qu'on fit circuler dans les rangs de l'armée un bruit qui eut les plus funestes conséquences, le
rétablissement des Cadets, qui devaient interdire l'épau-
lette aux sous-officiers, etc., etc., etc.

(7) Nous croyons nous rappeler que ce fut à Fontaine-
bleau.

(8) Pour celui qui reportera ses souvenirs vers cette
époque, il sera facile de juger combien était puissant l'empire qu'était à même d'exercer l'armée sur l'esprit de la
population. Il se rappellera qu'il était peu de familles alors
qui ne comptassent au service quelques-uns des leurs. La
paix avait fait refluer, des diverses parties de l'Europe sur
la France, un nombre infini d'hommes qui, tant prison-
niers de guerre que bloqués dans des places, se trouvaient
répartis sur toute sa surface.

(9) Quelques publicistes ont avancé, et nous sommes
assez de leur avis, qu'au nombre des motifs qui s'opposè-

rent à ce que Napoléon fît la paix, ce fut l'embarras qui eût résulté pour lui de cet immense concours d'officiers de tous grades et de toutes armes, qu'à juste titre il regardait comme une plaie dangereuse : qu'on juge par-là ce qu'elle devait être pour son successeur !

(10) Il est notoire que durant l'année 1814 jusqu'au retour de Napoléon en 1815, à part quelques nominations de lieutenant-de-roi dans les places de 3ᵉ classe ou dans la gendarmerie, ce fut dans les rangs de l'ancienne armée que s'opérèrent toutes les mutations ; l'émigration n'y eut aucune part.

(11) Il n'est point de choses odieuses qui, dans l'armée, n'aient été débitées et imputées à ce prince malheureux. A entendre certaines gens, il arrachait des croix et des épaulettes à tout le monde, en traitant les vieux soldats de *brigands*. Observons qu'à sa mort, lorsque ces détracteurs furent sommés d'appuyer sur un seul fait de quelque valeur leurs mensongères assertions, nul n'a osé rien produire. Certes, nous n'affirmerions point que Mᵍʳ le duc de Berry n'ait commis quelque erreur : qui, nous le demanderons, si haut placé, fut totalement exempt de fautes ? Son caractère, que nous allons dépeindre en deux mots, attestera à tous que nous avons été à même de le bien connaître.

S'il est une chose à déplorer dans notre nature, c'est sans contredit cette prédisposition de certains tempéramens qui pousse l'homme à la violence. Ici l'irréflexion, précédant toujours les actes, nous prête, même dans le commerce de la vie privée, une foule de torts souvent non mérités, qu'aux yeux d'esprits prévenus et de surface, rachètent rarement les plus belles qualités du cœur : qu'on juge de cette disposition quand il s'agit d'un prince dont les paroles comme les moindres gestes sont comptés ! Tel était le duc de Berry, homme essentiellement bon, mais brusque. Celui qu'on accuse d'avoir cherché à avilir de vieux militaires fut pourtant la cause, en 1814, que la garde impériale, qui par suite de ses mutineries devait être licenciée et fondue dans l'armée, ne le fut point : ce fut lui qui, auprès de Louis XVIII, intercéda avec chaleur pour son maintien ; après quoi elle fut dirigée sur Metz, où elle était au débarquement de Napoléon en 1815. On se rappelle quelle fut sa conduite alors !...

(12) L'administration avait elle-même si bien jugé la fausse position où elle avait placé ces officiers, qu'au retour des Bourbons elle s'empressa de supprimer de leurs états de service la mention qui constatait ce fait.

(13) Il est de nos jours une foule de gens pour lesquels la patrie est chose purement matérielle ; ils ne voient cette dernière que dans l'espace métrique qu'elle occupe sur le globe. Nous concevons cette manière de l'envisager de la part de ceux qui depuis quarante ans, exploitant le sol à leur profit, ont de si puissans motifs pour ne la voir et ne la trouver que là ; mais pour celui aux yeux duquel les liens de famille, la religion et les mœurs sont aussi la

patrie, il ne peut en être ainsi. Il n'est donc pas étonnant que, ne sachant où reposer ses affections, il se trouve réduit à la chercher vainement au milieu d'une agglomération d'hommes qui, après avoir détruit tout ce qui concourait à l'entretenir dans des illusions de bonheur, marchent sans unité de vues comme sans unité de principes. La meilleure preuve que nous puissions donner, pour prouver que la patrie ne réside pas uniquement dans le sol, sera la dernière guerre d'Espagne. En 1823, l'armée française n'envahit-elle pas son territoire? Avons-nous vu, pour le fait de cette violation, les habitans prendre les armes et nous courir sus? Non, au contraire : les Français venant s'opposer à une minorité turbulente qui avait courbé sous son joug la majeure partie de la population, celle qui a foi en sa religion, en ses mœurs, en ses coutumes, fut pour nous et combattit dans nos rangs. Ceci ne démontre-t-il pas que le sol n'est, en quelque sorte, qu'un fragment de tout ce qui concourt à constituer ce qu'on appelle *une patrie*, et que les idées morales, les préjugés mêmes, si l'on veut, sont choses respectables, dès qu'avec confiance une nation peut y poser le levier de sa puissance? Là est réellement la patrie, l'autre manière de l'envisager n'est, comme on l'a déjà judicieusement observé, que de la *patrioterie*.

(14) S'il fut pour la capitale, et pour les amis des arts surtout, un moment douloureux, ce fut, par suite de la révolution du 20 mars, de la voir privée tout à coup de ces

chefs-d'œuvre de tous les âges qui, ayant enrichi ses mo-
numens, contribuaient si puissamment à attirer dans ses
murs une foule d'étrangers. Y eut-il jamais, pour un cœur
francais, une chose plus poignante que de voir, en présence
de la force armée, descendre de l'arc-de-triomphe du Car-
rousel ce fameux quadrige des chevaux de Corinthe, auxquels se rattachent de si grands et glorieux souvenirs ! de
voir explorer nos musées et enlever les immortels travaux
des Praxitèle, des Phidias, des Raphaël et autres!!!...

(15) Il est de fait que, pour l'armée, la France entière
était reléguée dans Napoléon ; ou pour mieux dire, à ses
yeux, en dehors de lui, il n'y avait plus de France... Fa-
natisme déplorable, dont celle-ci dut payer tous les frais !

(16) Le duc de Feltre.

(17) L'administration a bien cherché, il est vrai, à détruire l'homogénéité de la garde, en y introduisant quelques créatures à sa guise, mais là elle n'eut jamais ses cou-
dées franches ; elle se trouvait trop près du soleil.

(18) Le maréchal Gouvion-Saint-Cyr.

(19) De Cazes.

(20) Tous les hommes impartiaux et clairvoyans ont
toujours blâmé cette mesure, qui, en conférant à des officiers-généraux pris en dehors de l'activité, des pouvoirs si
exorbitans, rendait pour ainsi dire nulle l'action des officiers-généraux commandant les divisions territoriales, auxquels il eût été à la fois plus logique et surtout plus écono-
mique de confier ces mêmes fonctions. On concevra faci-

lement en effet que, lorsque des troupes seront restées quelque temps sous les ordres d'un chef de division, ce dernier, par suite de ses rapports journaliers avec les chefs de corps, sera plus à même que tout autre d'informer l'autorité supérieure de leur état matériel et moral ; mais la haute administration ne l'entendait pas ainsi : elle tenait à se faire des créatures à sa dévotion. Pour cela faire, elle créait ce qu'elle appelle *des positions*. Par exemple : « Le « général un tel..., c'est un brave, celui-là ; il est en demi- « solde : nous allons lui confier l'inspection d'une division. « Il recevra en frais de route, frais de représentation, etc., « l'équivalent de l'activité, et *nous serons bien servis*..... » Aussi avons-nous souvent entendu des officiers-généraux commandant des divisions, lorsqu'on avait recours à eux pour savoir sur quel motif était fondé le renvoi de tels ou tels, répondre : « Je suis complètement étranger à cette « mesure ; elle a eu lieu tout à fait en dehors de mes attributions... » J'ai pour ma part ouï de mes propres oreilles un lieutenant-général, homme très-rare de nos jours, que je ne nommerai pas par respect pour sa modestie, déclarer à un officier qui, par suite d'inspection, venait d'être victime d'une mesure illicite : « Sachez, capitaine, que lorsque « j'ai à me plaindre d'un officier, les règlemens militaires « seuls m'assurent du redressement de ses torts. Dans toute « ma carrière, je n'ai jamais eu pour cela recours à aucun « intermédiaire. Je rappelle à leur devoir ceux de mes su- « bordonnés qui s'en sont écartés, je les réprimande s'il

« le faut, mais ne leur fait jamais perdre leur état....... »

(21) Pour faire allusion aux services des officiers vendéens.

(22) Il est une foule d'individus que nous pourrions nominativement citer, qui, ayant depuis la révolution de juillet fait valoir leurs droits *à la persécution*, ont obtenu des faveurs de tous genres.

(23) Nous admettons que les napoléonistes ou libéraux, ce qui est la même chose, n'eussent dû participer aux emplois que comme un témoignage de haute faveur.

(24) Au nombre des moyens dont se servit l'administration pour opérer la fusion des légions en régimens, il en est un qui ne pouvait manquer d'aller droit au cœur d'un Bourbon. Elle fit observer que, dans l'hypothèse d'une guerre, le cas échéant où une ou plusieurs légions d'une même province viendraient à éprouver des revers, le roi aurait la douleur de voir ces contrées couvertes d'un deuil général !!!

(25) Latour-Maubourg.

(26) Le duc de Bellune.

(27) A Notre-Dame, pour la prise d'Alger.

(28) Parole attribuée au duc d'Orléans, aujourd'hui roi des Français.

(29) Le licenciement de la garde nationale.

(30) Autrement dit, les voleurs demeurèrent chargés d'administrer les volés.

FIN DES NOTES.